Regias en la escuela

Sharon Coan

Créditos de publicación

Rachelle Cracchiolo, M.S.Ed., *Editora comercial*
Conni Medina, M.A.Ed., *Gerente editorial*
Jamey Acosta, *Directora de contenido*
Dona Herweck Rice, *Realizadora de la serie*
Robin Erickson, *Diseñadora de multimedia*

Créditos de las imágenes: págs. 3, 12 ©Dennis MacDonald/Alamy; pág. 4 ©iStock.com/BraunS; págs. 5, contraportada Christopher Futcher; pág. 6 ©iStock.com/ArtisticCaptures; pág. 7 ©iStock.com/Steve Debenport; pág. 8 Michael H/Getty Images; pág. 9 Jupiterimages/Getty Images; págs. 10–11 ©iStock.com/fotostorm; pág. 12 ©iStock.com/Christopher Futcher; todas las demás imágenes de Shutterstock.

Library of Congress Cataloging-in-Publication Data

Library of Congress Control Number: 2015948666

Teacher Created Materials
5301 Oceanus Drive
Huntington Beach, CA 92649-1030
http://www.tcmpub.com

ISBN 978-1-4938-2974-3
© 2016 Teacher Created Materials, Inc.
Made in China
Nordica.012018.CA21701268

reglas

no

sí

no

sí

no

sí

no

sí

Palabras para aprender

escuela

no

reglas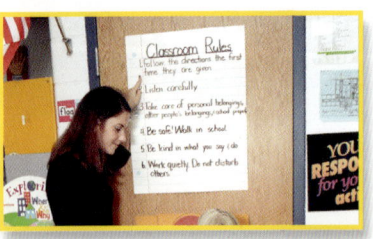

sí